The Fox, The Village, And The Stars And Other Bilingual Norwegian-English Stories for Kids

Pomme Bilingual

Published by Pomme Bilingual, 2024.

THE FOX, THE VILLAGE, AND THE STARS AND OTHER BILINGUAL NORWEGIAN-ENGLISH STORIES FOR KIDS

First edition. August 8, 2024.

Copyright © 2024 Pomme Bilingual.

ISBN: 979-8227630926

Written by Pomme Bilingual.

Table of Contents

Reven, Landsbyen og Stjernene 1

The Fox, the Village, and the Stars 5

Sangen som Fulgte Vinden 9

The Song that Followed the Wind 13

Den Lille Gutten og Det Store Hjertet 17

The Little Boy and the Big Heart 21

Fjorden som hvisket hemmeligheter 25

The Fjord That Whispered Secrets 29

Bjørnen som lærte å drømme 33

The Bear Who Learned to Dream 37

Regnets Hemmelige Sang 41

The Secret Song of the Rain 45

Mette og Det Usynlige Vennskapet 49

Mette and the Invisible Friendship 53

Midnattens Hemmelighet 57

The Secret of Midnight 61

Reven, Landsbyen og Stjernene

Det var en gang en liten landsby som lå skjult dypt inne i skogen, der trærne strakte seg høyt mot himmelen og bare hvisket hemmeligheter til vinden. Landsbyen var liten, men full av varme, med små, skjeve hus og smale stier som snodde seg mellom dem som elver av stein. Det var en landsby hvor alle kjente alle, og hver natt satte de ut lykter i vinduene, slik at lyset kunne danse med stjernene.

Men det var én som aldri ble sett, en som alltid lurte i skyggen av natten. Reven. Med en pels så rød som de siste glødende solstrålene før solen gikk ned, og øyne som skinte som gylne mynter i mørket, var reven en gåte. Han bodde på skogskanten, alltid alene, men aldri virkelig alene, for han hadde månen og stjernene som sine eneste venner.

En kveld, da månen lyste sterkere enn noen gang før, og stjernene blinket som smil over himmelen, bestemte reven seg for å gå nærmere landsbyen enn han noen gang hadde våget. Han trakk forsiktig nærmere, med stegene så lette at de ikke etterlot seg et eneste spor i det myke gresset. Lyden av latter og lyse stemmer fylte luften, men reven følte seg fortsatt som en fremmed, som om han hørte til et annet sted – et sted langt unna.

Da han nærmet seg landsbyen, ble han stoppet av et lite barn som satt alene under et tre, stirrende opp på månen. Barnet, med øyne store av undring, så reven og smilte. "Hei, lille rev," sa barnet mykt, som om det var det mest naturlige i verden å snakke med en rev. "Ser du også på stjernene?"

Reven visste ikke hva han skulle si. Han hadde aldri snakket med noen i landsbyen før. Men noe ved barnets stemme var så vennlig, så uskyldig, at han følte at han kunne stole på det. "Ja," svarte reven forsiktig, "de er mine venner."

Barnet lo lett og klappet på bakken ved siden av seg. "Kom og sitt med meg. Stjernene er bedre å se på når man ikke er alene."

Reven nølte, men noe i barnets ord trakk ham nærmere. Han satte seg ved siden av barnet, og sammen stirret de opp på den store, åpne himmelen. Stjernene skinte, som små lys som aldri slokket, og månen kastet et sølvaktig skjær over dem.

"Tror du stjernene snakker til hverandre?" spurte barnet plutselig.

Reven tenkte seg om. "Kanskje," svarte han. "Kanskje de sender hverandre hemmelige beskjeder gjennom lyset sitt. Eller kanskje de bare lytter til hverandres stillhet."

Barnet nikket, som om dette ga perfekt mening. "Jeg tror de passer på hverandre, som gode venner."

Reven så på barnet, overrasket over hvor klokt det var. Han hadde aldri tenkt på det på den måten før. Han hadde alltid sett stjernene som sine egne, ensomme følgesvenner, men nå innså han at de kanskje ikke var så ensomme likevel.

"Og månen," fortsatte barnet, "månen er som en stor beskytter. Den passer på alle oss her nede, og gir oss lys når natten er mørkest."

Reven følte en varme spre seg i brystet, en følelse han ikke hadde kjent på lenge. "Kanskje," sa han sakte, "kanskje vi alle har noe å lære av stjernene og månen. Kanskje vi kan passe på hverandre, selv når vi føler oss alene."

Barnet smilte bredt og la hodet sitt mot reven. "Jeg tror du har rett, lille rev."

Så satt de der, under den store, mørke himmelen, med stjernene blinkende over dem og månen som en vennlig vokter. Og for første gang følte reven at han kanskje ikke var så alene likevel. Han hadde funnet en venn i barnet, og sammen kunne de se opp på stjernene, dele stillheten og la lyset lede dem hjem.

The Fox, the Village, and the Stars

Once upon a time, there was a small village hidden deep within the forest, where the trees stretched high towards the sky and only whispered secrets to the wind. The village was small but full of warmth, with little crooked houses and narrow paths winding between them like rivers of stone. It was a village where everyone knew everyone, and every night, they would set lanterns in their windows, so the light could dance with the stars.

But there was one who was never seen, one who always lurked in the shadows of the night. The Fox. With fur as red as the last glowing rays of the setting sun and eyes that shone like golden coins in the darkness, the fox was a mystery. He lived on the edge of the forest, always alone, but never truly alone, for he had the moon and the stars as his only friends.

One evening, when the moon shone brighter than ever before, and the stars twinkled like smiles across the sky, the fox decided to venture closer to the village than he had ever dared. He cautiously approached, with steps so light they left no trace in the soft grass. The sound of laughter and bright voices filled the air, but the fox still felt like a stranger, as if he belonged somewhere else—somewhere far away.

As he neared the village, he was stopped by a small child sitting alone under a tree, staring up at the moon. The child, with eyes wide with wonder, saw the fox and smiled. "Hello, little fox," the child said softly, as if it were the most natural thing in the world to speak to a fox. "Are you watching the stars too?"

The fox didn't know what to say. He had never spoken to anyone in the village before. But something about the child's voice was so kind, so innocent, that he felt he could trust it. "Yes," the fox replied cautiously, "they are my friends."

The child giggled softly and patted the ground beside him. "Come sit with me. The stars are better to watch when you're not alone."

The fox hesitated, but something in the child's words drew him closer. He sat down beside the child, and together they gazed up at the vast, open sky. The stars twinkled, like little lights that never went out, and the moon cast a silver glow over them.

"Do you think the stars talk to each other?" the child suddenly asked.

The fox thought for a moment. "Maybe," he answered. "Maybe they send each other secret messages through their light. Or maybe they just listen to each other's silence."

The child nodded, as if this made perfect sense. "I think they look out for each other, like good friends."

The fox looked at the child, surprised by how wise he was. He had never thought of it that way before. He had always seen the stars as his own, lonely companions, but now he realized they might not be so lonely after all.

"And the moon," the child continued, "the moon is like a big protector. It watches over all of us down here, giving us light when the night is darkest."

The fox felt a warmth spread through his chest, a feeling he hadn't felt in a long time. "Maybe," he said slowly, "maybe we all have something to learn from the stars and the moon. Maybe we can look out for each other, even when we feel alone."

The child smiled broadly and rested his head against the fox. "I think you're right, little fox."

And so they sat there, under the great, dark sky, with the stars twinkling above them and the moon as a friendly guardian. And for the first time, the fox felt that he might not be so alone after all. He had found a friend in the child, and together they could watch the stars, share the silence, and let the light guide them home.

Sangen som Fulgte Vinden

I en liten landsby, der de grønne engene bredte seg ut som et teppe under himmelen, bodde det en jente som het Elina. Hver morgen før solen stod opp, pleide hun å snike seg ut av huset og gå til toppen av en liten bakke like utenfor landsbyen. Der satt hun under det gamle eiketreet og lyttet til verden våkne.

Elina var kjent i landsbyen for sin vakre stemme. Hun sang på markedsplassen, i skogen, og langs elvebredden, og hennes melodier var alltid fylt med en slags magi som fikk folk til å stoppe opp og lytte. Hennes sanger handlet om alt rundt henne – om blomster som åpnet seg for solen, om fugler som danset i vinden, og om stjernene som blinket over landsbyen om natten.

Men det var én sang som var annerledes. Denne sangen hadde ingen ord, bare en enkel melodi som hun bar med seg overalt. Det var en melodi hun hadde hørt i drømme, en melodi som alltid syntes å hviske henne noe viktig, noe hun ikke helt kunne forstå.

En dag da Elina satt under eiketreet og sang sin ordløse melodi, følte hun plutselig en kald vind som snodde seg gjennom trærne. Det var som om vinden bar med seg en beskjed, en hvisking som sa: "Følg meg." Elina sluttet å synge og lyttet nøye. Vinden kom igjen, og denne gangen var den sterkere, nesten som om den prøvde å dra henne med seg.

Nysgjerrig og litt spent reiste Elina seg opp og begynte å gå, fulgt av vinden som virvlet rundt henne. Den ledet henne gjennom skogen, over bekker og forbi åpne enger hun aldri før hadde sett. Elina kjente at melodien inne i henne vokste sterkere for hvert steg hun tok, som om den prøvde å vise henne veien.

Hun gikk i mange timer, helt til solen begynte å synke ned mot horisonten, og himmelen farget seg rød og gyllen. Til slutt kom hun til et sted hvor trærne åpnet seg opp, og foran henne lå en stor innsjø som speilet himmelen over. Vannet var så klart at det så ut som et speil, og i midten av innsjøen, på en liten øy, sto et gammelt steintårn.

Vinden snodde seg rundt Elina en siste gang før den stilnet. Med hjertet dunkende i brystet, visste hun at hun måtte komme seg til den lille øya. Hun fant en liten båt ved vannkanten, som om den hadde ventet på henne, og rodde forsiktig over det stille vannet.

Da hun nådde øya, steg hun ut av båten og gikk mot tårnet. Det var gammelt og overgrodd med eføy, men døren var åpen, som om den inviterte henne inn. Elina tok et dypt pust og gikk inn i tårnet. Innenfor var det mørkt, men i midten av rommet lå det en liten eske av tre, dekket av støv.

Elina bøyde seg ned og åpnet esken forsiktig. Inni fant hun et gammelt musikkinstrument, en lutt, med snorer som virket skjøre men fortsatt intakte. Ved siden av lutten lå et stykke pergament, gulnet av tid, med noter skrevet på. Elina kjente igjen melodien med en gang – det var den samme ordløse melodien hun alltid hadde sunget.

Hun løftet lutten opp og strøk fingrene forsiktig over strengene. En myk, klar tone fylte rommet, og plutselig kjente hun hvordan musikken strømmet gjennom henne, som om instrumentet var en forlengelse av hennes egen sjel. Hun begynte å spille melodien, og mens tonene fylte tårnet, oppdaget hun at ordene hun aldri hadde funnet, nå kom til henne som en naturlig del av sangen.

Sangen fortalte en historie, en historie om tap og lengsel, men også om håp og kjærlighet. Det var en historie som syntes å ha ventet på henne, låst inne i dette tårnet, til noen med hennes hjerte kunne finne den og bringe den til live.

Da hun var ferdig med å spille, var det som om hele verden holdt pusten. Så, sakte, begynte vinden å blåse igjen, denne gangen myk og mild, som et kjærtegn. Vinden tok tak i sangen hennes og bar den ut over innsjøen, over skogene og engene, og tilbake til landsbyen.

Elina fulgte etter vinden, tilbake til landsbyen, men nå var det som om hun bar med seg noe nytt, noe sterkt og vakkert. Da hun kom tilbake til landsbyen, samlet folkene seg rundt henne, og hun begynte å synge den nye sangen. Alle ble rørt til tårer, for i sangen hørte de en kraft de aldri før hadde kjent, en melodi som knyttet dem til noe større, noe evig.

Elina visste at hun hadde funnet noe dyrebart, noe som skulle deles, men aldri glemmes. Og hver gang hun sang den, kunne hun fortsatt høre vinden hviske rundt henne, som en påminnelse om den reisen hun hadde gjort, og om magien i musikken som alltid hadde fulgt henne.

The Song that Followed the Wind

In a small village, where the green meadows stretched out like a blanket beneath the sky, lived a girl named Elina. Every morning before the sun rose, she would sneak out of the house and walk to the top of a small hill just outside the village. There, she would sit under an old oak tree and listen to the world wake up.

Elina was known in the village for her beautiful voice. She sang in the marketplace, in the forest, and along the riverbank, and her melodies were always filled with a kind of magic that made people stop and listen. Her songs were about everything around her—about flowers opening to the sun, birds dancing in the wind, and stars twinkling over the village at night.

But there was one song that was different. This song had no words, only a simple melody that she carried with her everywhere. It was a melody she had heard in a dream, a melody that always seemed to whisper something important, something she couldn't quite understand.

One day, as Elina sat under the oak tree singing her wordless melody, she suddenly felt a cold wind winding through the trees. It was as if the wind carried a message, a whisper that said, "Follow me." Elina stopped singing and listened carefully. The wind came again, and this time it was stronger, almost as if it was trying to pull her along.

Curious and a little excited, Elina stood up and began to walk, followed by the wind swirling around her. It led her through the forest, across streams, and past open meadows she had never seen before. Elina felt the melody inside her growing stronger with each step she took, as if it were trying to show her the way.

She walked for hours, until the sun began to sink toward the horizon, and the sky turned red and golden. Finally, she came to a place where the trees opened up, and in front of her lay a large lake reflecting the sky above. The water was so clear it looked like a mirror, and in the middle of the lake, on a small island, stood an old stone tower.

The wind swirled around Elina one last time before it grew still. With her heart pounding in her chest, she knew she had to reach that small island. She found a little boat by the water's edge, as if it had been waiting for her, and gently rowed across the still water.

When she reached the island, she stepped out of the boat and walked toward the tower. It was old and overgrown with ivy, but the door was open, as if inviting her in. Elina took a deep breath and entered the tower. Inside, it was dark, but in the center of the room lay a small wooden box, covered in dust.

Elina knelt down and carefully opened the box. Inside, she found an old musical instrument, a lute, with strings that looked fragile but still intact. Beside the lute lay a piece of parchment, yellowed with age, with notes written on it. Elina recognized the melody immediately—it was the same wordless melody she had always sung.

She lifted the lute and gently ran her fingers over the strings. A soft, clear tone filled the room, and suddenly she felt the music flow through her, as if the instrument was an extension of her own soul. She began to play the melody, and as the notes filled the tower, she discovered that the words she had never found now came to her as a natural part of the song.

The song told a story, a story of loss and longing, but also of hope and love. It was a story that seemed to have waited for her, locked inside this tower, until someone with her heart could find it

and bring it to life.

When she finished playing, it was as if the whole world held its breath. Then, slowly, the wind began to blow again, this time soft and gentle, like a caress. The wind took hold of her song and carried it out over the lake, over the forests and meadows, and back to the village.

Elina followed the wind, back to the village, but now it was as if she carried something new, something strong and beautiful within her. When she returned to the village, the people gathered around her, and she began to sing the new song. Everyone was moved to tears, for in the song they heard a power they had never known before, a melody that connected them to something greater, something eternal.

Elina knew that she had found something precious, something that was meant to be shared but never forgotten. And every time she sang it, she could still hear the wind whispering around her, a reminder of the journey she had taken and the magic of the music that had always followed her.

Den Lille Gutten og Det Store Hjertet

Det var en gang en liten gutt som het Emil, som bodde i en landsby ved kanten av en stor, mørk skog. Landsbyen var liten, men full av liv. Trærne rundt landsbyen var høye og gamle, med røtter som strakte seg dypt ned i jorden, og toppene som virket som om de prøvde å nå stjernene. Emil var kjent for å ha det største hjertet i landsbyen, ikke fordi han var stor, men fordi han alltid brydde seg om alt og alle rundt seg.

Hver dag etter skolen pleide Emil å gå på lange turer i skogen. Han elsket å utforske de skjulte stiene, snakke med dyrene og lytte til vinden som sang mellom trærne. Skogen var hans fristed, et sted hvor han følte seg fri og koblet til noe større enn seg selv.

En dag mens han vandret dypere inn i skogen enn han noensinne hadde gjort før, kom han over et merkelig syn. Midt i en lysning sto et gigantisk eiketre, mye større enn noen han hadde sett før. Det var et tre så gammelt og mektig at det så ut som om det kunne ha stått der siden tidens begynnelse. Men det var noe spesielt med dette treet – i stammen var det et stort hjerte inngravert, et hjerte som så ut til å gløde med et mykt, gyllent lys.

Emil nærmet seg treet forsiktig. Da han kom nærmere, følte han en varm, trygg følelse strømme gjennom kroppen, som om treet ønsket ham velkommen. Uten å vite hvorfor, la han hånden sin mot det glødende hjertet. Straks han gjorde det, følte han en puls, som et bankende hjerte under huden på treet.

Treet begynte å hviske til ham, på et språk han aldri hadde hørt før, men som han likevel forsto. "Jeg har voktet denne skogen i mange hundre år," sa treet, "men nå er tiden min snart over. Jeg trenger noen til å ta vare på skogen, noen med et stort hjerte som kan fortsette å beskytte alle som lever her. Vil du hjelpe meg, lille Emil?"

Emil kjente en bølge av ansvar skylde over seg, men også en dyp følelse av ære. "Jeg vil gjerne hjelpe deg," svarte han alvorlig. "Men hva kan jeg gjøre? Jeg er bare en liten gutt."

Treet lo vennlig. "Det handler ikke om hvor stor du er, men om hvor stort hjertet ditt er. Ditt hjerte har allerede ført deg hit, og det vil veilede deg i å beskytte skogen. Alt du trenger å gjøre er å lytte til det."

Fra den dagen av forandret alt seg for Emil. Hver dag gikk han ut i skogen, men nå med en dypere forståelse av sitt ansvar. Han lærte å lytte til skogen, til trærne, dyrene og vinden. Han lærte om kreftene som holdt naturen i balanse, og om farene som kunne forstyrre denne balansen.

En dag, da en voldsom storm truet landsbyen, løp Emil inn i skogen for å advare trærne og dyrene. Han visste at hvis de ikke søkte tilflukt, kunne mange av dem bli skadet. "Hør på meg!" ropte han til vinden, trærne og dyrene. "En storm kommer, vi må alle beskytte hverandre!"

Men stormen var sterkere enn han hadde trodd, og snart kjente Emil frykten vokse i magen. Trærne svaiet voldsomt, og vinden ulte rundt ham. Plutselig hørte han lyden av et tre som brakk, og da han snudde seg, så han at et stort tre holdt på å falle mot ham.

I det øyeblikket, uten å tenke, strakk Emil ut hendene sine mot treet og lukket øynene. "Beskytt dem," hvisket han, ikke sikker på hvem han ba til. Og da, til sin store forbauselse, følte han en enorm kraft strømme gjennom seg, som om hjertet hans forvandlet seg til noe stort og sterkt.

Treet stanset i luften, holdt oppe av en usynlig kraft. Emil åpnet øynene og så at hele skogen glødet med det samme gyllne lyset han hadde sett i det store eiketreet. Vinden stilnet, og stormen begynte å avta, som om selve naturen hadde bestemt seg for å beskytte seg selv.

Da stormen hadde roet seg, satt Emil på bakken, utmattet men fylt med en dyp følelse av ro. Skogen sto igjen uberørt, takket være hans handling. Han forsto nå hva treet hadde ment – det var ikke styrken i musklene, men styrken i hjertet som virkelig betydde noe.

Emil fortsatte å beskytte skogen, dag etter dag, år etter år. Han vokste opp, men hjertet hans forble like stort og like modig. Og selv om han til slutt ble en voksen mann, ble han alltid husket i landsbyen som gutten med det store hjertet, som reddet skogen og alle som bodde der.

Og den gamle eika, med det glødende hjertet, sto fortsatt der i skogen, som en påminnelse om at ekte styrke kommer fra hjertet – et hjerte som er fylt med kjærlighet, omsorg, og et ønske om å beskytte de som trenger det mest.

The Little Boy and the Big Heart

Once upon a time, there was a little boy named Emil, who lived in a village on the edge of a great, dark forest. The village was small but full of life. The trees around the village were tall and ancient, with roots that dug deep into the earth and crowns that seemed to reach for the stars. Emil was known for having the biggest heart in the village, not because he was big, but because he always cared for everything and everyone around him.

Every day after school, Emil would go on long walks in the forest. He loved exploring hidden paths, talking to the animals, and listening to the wind sing through the trees. The forest was his sanctuary, a place where he felt free and connected to something greater than himself.

One day, as he wandered deeper into the forest than he had ever gone before, he came upon a strange sight. In the middle of a clearing stood a giant oak tree, much larger than any he had seen before. It was a tree so old and mighty that it looked like it could have stood there since the beginning of time. But there was something special about this tree—in the trunk was carved a large heart, a heart that seemed to glow with a soft, golden light.

Emil approached the tree cautiously. As he drew closer, he felt a warm, comforting sensation wash over him, as if the tree was welcoming him. Without knowing why, he placed his hand on the glowing heart. As soon as he did, he felt a pulse, like a beating heart beneath the bark.

The tree began to whisper to him, in a language he had never heard before but somehow understood. "I have guarded this forest for many hundreds of years," the tree said, "but now my time is nearly over. I need someone to take care of the forest, someone with a big heart who can continue to protect all who live here. Will you help me, little Emil?"

Emil felt a wave of responsibility wash over him, but also a deep sense of honor. "I would be happy to help you," he replied earnestly. "But what can I do? I'm just a little boy."

The tree laughed kindly. "It's not about how big you are, but how big your heart is. Your heart has already led you here, and it will guide you in protecting the forest. All you need to do is listen to it."

From that day on, everything changed for Emil. Every day he went into the forest, but now with a deeper understanding of his responsibility. He learned to listen to the forest, to the trees, the animals, and the wind. He learned about the forces that kept nature in balance and the dangers that could disrupt this balance.

One day, when a violent storm threatened the village, Emil ran into the forest to warn the trees and the animals. He knew that if they didn't seek shelter, many could be harmed. "Listen to me!" he called out to the wind, the trees, and the animals. "A storm is coming, we must all protect each other!"

But the storm was stronger than he had expected, and soon Emil felt fear growing in his stomach. The trees swayed violently, and the wind howled around him. Suddenly, he heard the sound of a tree cracking, and when he turned, he saw a large tree about to fall towards him.

In that moment, without thinking, Emil stretched out his hands towards the tree and closed his eyes. "Protect them," he whispered, not sure whom he was praying to. And then, to his great surprise, he felt an enormous power flow through him, as if his heart had transformed into something big and strong.

The tree stopped in midair, held up by an invisible force. Emil opened his eyes and saw that the entire forest was glowing with the same golden light he had seen in the great oak tree. The wind calmed, and the storm began to subside, as if nature itself had decided to protect itself.

When the storm had quieted, Emil sat on the ground, exhausted but filled with a deep sense of peace. The forest stood unharmed, thanks to his actions. He now understood what the tree had meant—it wasn't the strength of muscles, but the strength of the heart that truly mattered.

Emil continued to protect the forest, day after day, year after year. He grew up, but his heart remained just as big and just as brave. And although he eventually became a grown man, he was always remembered in the village as the boy with the big heart, who saved the forest and all who lived there.

And the old oak, with the glowing heart, still stood in the forest, as a reminder that true strength comes from the heart—a heart filled with love, care, and a desire to protect those who need it most.

Fjorden som hvisket hemmeligheter

Det var en gang en liten landsby ved bredden av en fjord som strakte seg dypt inn mellom de høye fjellene. Fjorden var speilblank og rolig, som om den holdt på hemmeligheter som bare den gamle vinden visste om. Folkene i landsbyen kalte fjorden for "Stillhetens Fjord" fordi vannet alltid var så rolig, og lyden av bølger var sjelden å høre.

I denne landsbyen bodde en jente som het Liv. Liv elsket å sitte ved fjorden og lytte til lydene av naturen. Hun hadde en sterk følelse av at fjorden hadde noe å fortelle henne, men hun visste ikke hva. Hver dag, etter at hun hadde gjort ferdig pliktene sine, sprang hun ned til fjorden og satt på den store steinen ved vannkanten. Hun kunne sitte der i timevis, stirrende på vannets overflate, og undret seg over hva som lå skjult under det blanke speilet.

En dag, mens Liv satt på sin vante plass, merket hun noe annerledes. Vinden blåste mykt, og vannet kruset seg svakt, men det var noe mer. Det var som om fjorden hvisket, men ordene var for svake til å forstå. Liv lukket øynene og lyttet nøye. Hviskingen ble sterkere, og til slutt kunne hun høre noe som liknet ord, men på et språk hun aldri hadde hørt før.

"Hva prøver du å fortelle meg?" hvisket Liv tilbake, usikker på om fjorden kunne høre henne.

Fjorden svarte med et lavt, dypere bris som virvlet rundt henne. Det var som om vannet prøvde å føre henne til et sted, et sted hun aldri hadde vært før. Liv kjente en underlig dragning mot å følge denne usynlige veiledningen. Hun reiste seg opp, og som i en drøm, begynte hun å gå langs fjordens kant. Stien førte henne dypere inn i fjorden, til et sted hvor hun sjelden hadde vært.

Etter å ha gått i flere timer, kom Liv til en bortgjemt vik, nesten helt skjult av trærne som bøyde seg over vannet. Vannet her var mørkere, dypere, og det var en merkelig stillhet som hang i luften. Men Liv følte seg ikke redd, bare nysgjerrig.

I den bortgjemte viken la hun merke til en liten robåt, gammel og nesten glemt, bundet til en ensom brygge. Det var som om båten hadde ventet på henne, akkurat som vinden og fjorden. Uten å nøle satte hun seg i båten og begynte å ro. Årene skar stille gjennom vannet, og den eneste lyden var den svake plaskingen fra årene.

Jo lenger ut hun rodde, jo sterkere ble følelsen av at fjorden hadde noe viktig å vise henne. Plutselig begynte vannet under henne å gløde med et mykt, blått lys. Liv stoppet opp og stirret ned i dypet. Under vannet så hun konturene av noe stort og gammelt. Det så ut som en bygning, kanskje en gammel borg eller et tempel, nedsenket i fjorden for mange hundre år siden.

"Hva er dette?" hvisket hun til seg selv, men fjorden svarte henne ikke lenger med ord. I stedet ble hun overveldet av en følelse av fred, som om fjorden forsikret henne om at dette stedet var spesielt, beskyttet av tiden og naturens kraft.

Liv lot båten flyte stille over det glødende vannet mens hun stirret ned på de skjulte ruinene. Hun kunne ikke forklare det, men hun følte en tilknytning til dette stedet, som om det var en del av hennes egen historie. Hun visste at fjorden ikke bare hadde vist henne en gammel hemmelighet, men også gitt henne en oppgave.

Med denne nye vissheten snudde Liv båten og rodde tilbake til den lille viken. Da hun steg ut av båten, følte hun seg annerledes. Fjorden hadde delt en hemmelighet med henne, og hun følte seg som en vokter av denne hemmeligheten.

Liv fortsatte å besøke fjorden hver dag, men nå med en dypere forståelse av dens stillhet. Hun visste at fjorden bar på mange flere hemmeligheter, og at den ville hviske dem til henne når tiden var inne. Hver gang hun satt ved vannkanten, kunne hun kjenne fjordens ro og styrke fylle henne, og hun visste at hun var en del av noe mye større.

Og selv om hun aldri fortalte noen om det hun hadde sett, visste Liv at fjorden alltid ville være der for å dele sine hemmeligheter med de som var villige til å lytte. For i fjordens stillhet lå det et uendelig hav av historier, ventende på å bli oppdaget.

The Fjord That Whispered Secrets

Once upon a time, there was a small village on the shores of a fjord that stretched deep between the high mountains. The fjord was mirror-like and calm, as if it held secrets that only the old wind knew. The people in the village called the fjord "The Fjord of Silence" because the water was always so still, and the sound of waves was rarely heard.

In this village lived a girl named Liv. Liv loved to sit by the fjord and listen to the sounds of nature. She had a strong feeling that the fjord had something to tell her, but she didn't know what. Every day, after finishing her chores, she would run down to the fjord and sit on the large rock by the water's edge. She could sit there for hours, staring at the water's surface, wondering what lay hidden beneath the smooth mirror.

One day, as Liv sat in her usual spot, she noticed something different. The wind blew softly, and the water rippled gently, but there was something more. It was as if the fjord was whispering, but the words were too faint to understand. Liv closed her eyes and listened carefully. The whispering grew stronger, and finally, she could hear something that resembled words, but in a language she had never heard before.

"What are you trying to tell me?" Liv whispered back, unsure if the fjord could hear her.

The fjord responded with a low, deeper breeze that swirled around her. It was as if the water was trying to lead her somewhere, to a place she had never been before. Liv felt an unusual pull to follow this invisible guidance. She stood up, and as if in a dream, she began to walk along the fjord's edge. The path led her deeper into the fjord, to a place where she had rarely ventured.

After walking for several hours, Liv came to a secluded cove, almost entirely hidden by the trees that bent over the water. The water here was darker, deeper, and there was a strange silence in the air. But Liv didn't feel scared, only curious.

In the secluded cove, she noticed a small rowboat, old and nearly forgotten, tied to a lonely dock. It was as if the boat had been waiting for her, just like the wind and the fjord. Without hesitation, she climbed into the boat and began to row. The oars cut quietly through the water, and the only sound was the faint splashing from the oars.

The farther out she rowed, the stronger the feeling grew that the fjord had something important to show her. Suddenly, the water beneath her began to glow with a soft, blue light. Liv stopped and stared down into the depths. Below the water, she saw the outlines of something large and ancient. It looked like a building, perhaps an old castle or a temple, submerged in the fjord many hundreds of years ago.

"What is this?" she whispered to herself, but the fjord no longer answered with words. Instead, she was overwhelmed by a sense of peace, as if the fjord was assuring her that this place was special, protected by time and the power of nature.

Liv let the boat drift quietly over the glowing water as she gazed down at the hidden ruins. She couldn't explain it, but she felt a connection to this place, as if it were a part of her own story. She knew that the fjord hadn't just shown her an ancient secret, but had also given her a task.

With this newfound understanding, Liv turned the boat and rowed back to the little cove. As she stepped out of the boat, she felt different. The fjord had shared a secret with her, and she felt like a guardian of that secret.

Liv continued to visit the fjord every day, but now with a deeper understanding of its silence. She knew the fjord held many more secrets, and that it would whisper them to her when the time was right. Every time she sat by the water's edge, she could feel the fjord's calm and strength fill her, and she knew she was part of something much larger.

And even though she never told anyone about what she had seen, Liv knew that the fjord would always be there to share its secrets with those who were willing to listen. For in the fjord's silence lay an endless sea of stories, waiting to be discovered.

Bjørnen som lærte å drømme

Dypt inne i en stor, skyggefull skog bodde en bjørn som het Brumle. Brumle var en stor og sterk bjørn, med tykk, brun pels og en dyp, rumlende stemme som ga gjenklang mellom trærne når han brølte. Han var kjent for å være den klokeste og mest forsiktige bjørnen i skogen, alltid opptatt med å forberede seg til vinteren, samle mat og bygge det beste hiet han kunne finne.

Brumle var tilfreds med sitt liv i skogen, men det var én ting som alltid forvirret ham. Når høsten kom og han gjorde seg klar for dvale, hørte han andre dyr i skogen snakke om drømmer. Hjorten drømte om åpne enger fylt med sollys, ugla drømte om å fly gjennom stjerneklar himmel, og reven drømte om spennende eventyr i nattemørket.

Men Brumle hadde aldri drømt før. Hver vinter, når han krøllet seg sammen i sitt varme hi, sov han dypt og rolig uten å se bilder i søvnen. Det gjorde ham nysgjerrig. Hva var det egentlig å drømme? Og hvorfor hadde han aldri opplevd det?

En dag, mens Brumle vandret gjennom skogen, bestemte han seg for å spørre sine venner om drømmer. Først møtte han ugla, som satt høyt oppe i et tre og speidet utover skogen.

"Ugle," ropte Brumle, "kan du fortelle meg hva drømmer er?"

Ugla flakset med vingene og fløy ned til Brumle. "Drømmer," sa hun med sin kloke, stille stemme, "er bilder og følelser som kommer til deg mens du sover. De tar deg til steder du aldri har vært, og viser deg ting du aldri har sett. De er magiske, men også flyktige, som vinden."

Brumle rynket pannen. "Men hvorfor har jeg aldri drømt?"

Ugla nikket langsomt. "Kanskje fordi du aldri har latt deg selv drømme. Du er alltid så opptatt av å være praktisk og fornuftig, Brumle. Kanskje det er på tide å slippe taket litt og la tankene dine fly."

Brumle takket ugla og fortsatte sin vandring, men tankene hans var fortsatt tunge. Han møtte reven, som smøg seg gjennom buskene med sin vanlige listighet.

"Reve, har du drømmer?" spurte Brumle.

Reven lo med sin skarpe, lille stemme. "Selvfølgelig, Brumle! Jeg drømmer om å løpe gjennom natten, over åsene og gjennom skogene, jakte på de mest fantastiske bytter og oppleve de villeste eventyr!"

"Men hvordan kan jeg lære å drømme?" spurte Brumle.

Reven satte seg ned og betraktet Brumle med et lurt blikk. "Kanskje du må slutte å bekymre deg så mye for det daglige, Brumle. Når du sover, la tankene dine vandre fritt, som jeg gjør når jeg løper. Slipp frykten, og la fantasien din leke."

Brumle nikket takknemlig, men han var fortsatt usikker på hvordan han kunne få det til. Etter en lang dag vendte han tilbake til hiet sitt, trøtt, men med hodet fullt av tanker om drømmer.

Kvelden kom, og Brumle krøllet seg sammen i sitt lune hi, som han alltid gjorde, men denne gangen bestemte han seg for å gjøre noe annerledes. Han lukket øynene, trakk pusten dypt, og forsøkte å tømme hodet for alle de praktiske bekymringene som pleide å fylle tankene hans. I stedet tenkte han på alle de vakre tingene ugla og reven hadde beskrevet – stjerneklar himmel, åpne enger, og nattemørkets mysterier.

Sakte, men sikkert, begynte Brumles kropp å slappe av. Hjertet hans slo langsommere, pusten ble dypere, og snart gled han inn i en dyp søvn.

Det var da det skjedde.

For første gang i sitt liv begynte Brumle å drømme. Han drømte at han fløy gjennom skogen som ugla, høyt over trærne, med vinden som suste gjennom pelsen. Han så ned på verden under seg, så alt som var kjent, men også alt som var nytt og fantastisk. Han følte en frihet han aldri hadde kjent før.

Deretter fant han seg selv løpende gjennom skogen som reven, rask og smidig, over bekker og under greiner, med hjertet fylt av glede og eventyrlyst. Skogen rundt ham var levende, full av farger og lyder som han aldri hadde lagt merke til før.

Og så, til slutt, drømte han om en stor, lysning i skogen, hvor solen skinte varmt og blomstene blomstret i alle regnbuens farger. Det var et sted av fred og skjønnhet, hvor Brumle kunne hvile uten bekymringer, omgitt av alt han elsket i skogen.

Da Brumle våknet neste morgen, følte han seg forandret. Drømmene hadde fylt ham med en ny forståelse, en følelse av glede som han aldri før hadde opplevd. Han innså at livet handlet om mer enn bare å overleve; det handlet om å oppleve, å føle, og å la seg selv bli tatt med av drømmenes magi.

Fra den dagen av gjorde Brumle det til en vane å drømme. Hver natt, før han sovnet, tok han seg tid til å la tankene vandre, å slippe taket på dagens bekymringer og åpne hjertet sitt for drømmene som ventet. Han drømte om nye eventyr, om steder han aldri hadde vært, og om den vakre skogen som han kalte hjem.

Og skogen rundt ham, som en gang hadde vært stille og mystisk, var nå et levende landskap av muligheter og skjønnhet, sett gjennom øynene til en bjørn som hadde lært å drømme.

The Bear Who Learned to Dream

Deep within a large, shadowy forest lived a bear named Brumle. Brumle was a big and strong bear, with thick brown fur and a deep, rumbling voice that echoed through the trees when he roared. He was known as the wisest and most cautious bear in the forest, always busy preparing for winter, gathering food, and building the best den he could find.

Brumle was content with his life in the forest, but there was one thing that always puzzled him. When autumn came and he prepared for hibernation, he heard other animals in the forest talking about dreams. The deer dreamed of open meadows filled with sunlight, the owl dreamed of flying through starry skies, and the fox dreamed of exciting adventures in the dark of night.

But Brumle had never dreamed before. Every winter, when he curled up in his warm den, he slept deeply and peacefully, without seeing pictures in his sleep. This made him curious. What was it really like to dream? And why had he never experienced it?

One day, as Brumle wandered through the forest, he decided to ask his friends about dreams. First, he met the owl, who sat high up in a tree, gazing out over the forest.

"Owl," called Brumle, "can you tell me what dreams are?"

The owl flapped her wings and flew down to Brumle. "Dreams," she said in her wise, quiet voice, "are images and feelings that come to you while you sleep. They take you to places you've never been and show you things you've never seen. They are magical but also fleeting, like the wind."

Brumle furrowed his brow. "But why have I never dreamed?"

The owl nodded slowly. "Perhaps because you've never allowed yourself to dream. You're always so focused on being practical and sensible, Brumle. Maybe it's time to let go a little and let your thoughts fly."

Brumle thanked the owl and continued his walk, but his thoughts were still heavy. He met the fox, who was sneaking through the bushes with his usual cunning.

"Fox, do you have dreams?" Brumle asked.

The fox laughed with his sharp, little voice. "Of course, Brumle! I

dream of running through the night, over hills and through forests, chasing the most fantastic prey and experiencing the wildest adventures!"

"But how can I learn to dream?" Brumle asked.

The fox sat down and regarded Brumle with a cunning look. "Maybe you need to stop worrying so much about the daily grind, Brumle. When you sleep, let your thoughts wander freely, as I do when I run. Let go of your fears and let your imagination play."

Brumle nodded gratefully, but he was still unsure how to make it happen. After a long day, he returned to his den, tired but with his head full of thoughts about dreams.

Evening came, and Brumle curled up in his cozy den as he always did, but this time he decided to do something different. He closed his eyes, took a deep breath, and tried to clear his mind of all the practical worries that usually filled his thoughts. Instead, he thought of all the beautiful things the owl and the fox had described—starry skies, open meadows, and the mysteries of the night.

Slowly but surely, Brumle's body began to relax. His heart beat slower, his breathing became deeper, and soon he slipped into a deep sleep.

That's when it happened.

For the first time in his life, Brumle began to dream. He dreamed that he was flying through the forest like the owl, high above the trees, with the wind rushing through his fur. He looked down at the world below him, seeing everything that was familiar, but also everything that was new and wonderful. He felt a freedom he had never known before.

Then he found himself running through the forest like the fox, fast and agile, over streams and under branches, with his heart filled with joy and a thirst for adventure. The forest around him was alive, full of colors and sounds he had never noticed before.

And then, at last, he dreamed of a large clearing in the forest, where the sun shone warmly and the flowers bloomed in every color of the rainbow. It was a place of peace and beauty, where Brumle could rest without worries, surrounded by everything he loved in the forest.

When Brumle woke up the next morning, he felt different. The dreams had filled him with a new understanding, a sense of joy he had never experienced before. He realized that life was about more than just surviving; it was about experiencing, feeling, and allowing oneself to be carried away by the magic of dreams.

From that day on, Brumle made it a habit to dream. Every night before he fell asleep, he took the time to let his thoughts wander, to let go of the day's worries, and open his heart to the dreams that awaited. He dreamed of new adventures, of places he had never been, and of the beautiful forest that he called home.

And the forest around him, which had once been quiet and mysterious, was now a living landscape of possibilities and beauty, seen through the eyes of a bear who had learned to dream.

Regnets Hemmelige Sang

Det var en liten landsby langt borte, omringet av høye fjell og dype skoger. Her bodde det en liten gutt som het Emil. Emil var en stille og ettertenksom gutt, som likte å gå på oppdagelsesferd i naturen rundt landsbyen. Han elsket å lytte til vinden som suste gjennom trærne, og fuglenes kvitring om morgenen. Men det var én ting Emil likte aller best – regnet.

Hver gang det begynte å regne, løp Emil ut, uansett om det var sommer eller høst. Han elsket å kjenne regndråpene treffe ansiktet sitt, og han likte lyden av regnet som trommet mot takene og bladene. Men det var ikke bare fordi regnet føltes friskt og nytt – Emil hadde en spesiell hemmelighet. Han trodde at regnet hadde en sang, en sang som bare han kunne høre.

Emil hadde hørt regnets sang for første gang da han var veldig liten. Han satt ved vinduet og så på regnet som strømmet ned, da han plutselig hørte en myk, melodiøs lyd. Det var som om regndråpene sang sammen, og dannet en vakker melodi som fylte hjertet hans med glede. Fra den dagen av, hver gang det regnet, lyttet Emil nøye, i håp om å høre sangen igjen.

En dag, mens Emil var ute og lekte i regnet, traff han på den gamle mannen som bodde i utkanten av landsbyen. Den gamle mannen var kjent for å være litt eksentrisk, men også veldig klok. Han stod under et stort tre, tørt og trygt, og så på Emil som danset i regnet.

"Hvorfor elsker du regnet så mye, lille venn?" spurte mannen med et vennlig smil.

Emil stoppet opp og så på mannen med store øyne. "Fordi regnet synger," svarte han. "Hører du det?"

Den gamle mannen lo, ikke av Emil, men med en forståelse som fikk Emil til å føle seg trygg. "Ah, regnets sang," sa han og nikket sakte. "Det er ikke mange som hører den. Du er heldig, gutten min."

Emil ble overrasket. "Så du har hørt det også?" spurte han ivrig.

Den gamle mannen satte seg ned på en stein og klappet på setet ved siden av seg, og Emil satte seg ved siden av ham. "Ja," begynte mannen, "da jeg var like liten som deg, kunne jeg også høre regnets sang. Men etter hvert som jeg ble eldre, ble lyden svakere. Det var som om sangen gjemte seg, bare for å dukke opp igjen i de stille øyeblikkene."

Emil så opp på mannen med beundring. "Hva handler sangen om?" spurte han.

Mannen smilte et mildt smil. "Regnets sang handler om alle tingene som er forbundet med livet – vekst, endring, og det å være en del av noe større enn seg selv. Regnet faller for å nære jorden, for å bringe liv til trær, planter, og alt som vokser. Men det handler også om minner, om å huske de tingene vi noen ganger glemmer i hverdagen."

Emil nikket, selv om han ikke helt forstod alt mannen sa. Men han visste at regnets sang gjorde ham glad, og at det fikk verden til å føles mer levende.

Dagene gikk, og Emil fortsatte å lete etter regnets sang hver gang det regnet. Noen ganger var sangen sterk og klar, andre ganger svak og nesten umerkelig. Men uansett hvor svak sangen var, visste Emil at den var der, og det gjorde at han følte seg spesiell.

En dag begynte det å regne tungt, og Emil løp ut som vanlig. Men denne gangen følte han noe annerledes. Regnet sang, men det var en annen melodi enn før – en melodi som var både trist og vakker på samme tid. Emil stoppet opp og lyttet nøye. Hva prøvde regnet å fortelle ham?

Han satte seg under et stort tre, lukket øynene, og lot regndråpene falle rundt seg. Og mens han satt der, begynte han å forstå. Regnet sang om alle de tingene som gikk tapt, om sommerblomster som visnet, om blader som falt, og om tiden som alltid beveget seg fremover. Det var en påminnelse om at alt i livet forandrer seg, men også om at disse forandringene var nødvendige for å gi plass til nye begynnelser.

Emil åpnet øynene og så ut over landskapet, som var dekket av regn. Selv om sangen hadde vært trist, følte han en merkelig form for fred. Han forstod nå at regnets sang ikke bare handlet om glede, men også om sorg, og at begge disse følelsene var viktige. Uten regnet, ville det ikke være vekst, og uten vekst, ville det ikke være liv.

Regnets sang ble en del av landsbyens liv, en påminnelse om både glede og sorg, om vekst og forandring. Og hver gang det regnet, kunne man se Emil, nå en voksen mann, stå ute med et smil, hørendes til den hemmelige sangen som fylte luften.

The Secret Song of the Rain

There was a small village far away, surrounded by tall mountains and deep forests. In this village lived a little boy named Emil. Emil was a quiet and thoughtful boy who loved to explore the nature around the village. He loved listening to the wind rustling through the trees and the birds singing in the morning. But there was one thing Emil liked most of all—the rain.

Every time it started to rain, Emil would run outside, no matter if it was summer or autumn. He loved feeling the raindrops on his face, and he liked the sound of the rain drumming on the roofs and leaves. But it wasn't just because the rain felt fresh and new—Emil had a special secret. He believed that the rain had a song, a song that only he could hear.

Emil first heard the rain's song when he was very little. He was sitting by the window, watching the rain pour down, when he suddenly heard a soft, melodious sound. It was as if the raindrops were singing together, creating a beautiful melody that filled his heart with joy. From that day on, every time it rained, Emil listened closely, hoping to hear the song again.

One day, while Emil was playing in the rain, he came across an old man who lived on the outskirts of the village. The old man was known to be a bit eccentric, but also very wise. He stood under a large tree, dry and safe, watching Emil dance in the rain.

"Why do you love the rain so much, little one?" the man asked with a kind smile.

Emil stopped and looked at the man with wide eyes. "Because the rain sings," he replied. "Can you hear it?"

The old man laughed, not at Emil, but with an understanding that made Emil feel safe. "Ah, the rain's song," he said, nodding slowly. "Not many people can hear it. You are lucky, my boy."

Emil was surprised. "So, you've heard it too?" he asked eagerly.

The old man sat down on a stone and patted the seat next to him, and Emil sat beside him. "Yes," the man began, "when I was as little as you, I could also hear the rain's song. But as I grew older, the sound became fainter. It was as if the song was hiding, only to appear again in the quiet moments."

Emil looked up at the man with admiration. "What is the song about?" he asked.

The man smiled a gentle smile. "The rain's song is about all the things connected to life—growth, change, and being part of something bigger than yourself. The rain falls to nourish the earth, to bring life to trees, plants, and everything that grows. But it's also about memories, about remembering the things we sometimes forget in our daily lives."

Emil nodded, even though he didn't quite understand everything the man said. But he knew that the rain's song made him happy, and that it made the world feel more alive.

The days went by, and Emil continued to search for the rain's song every time it rained. Sometimes the song was strong and clear, other times weak and almost imperceptible. But no matter how faint the song was, Emil knew it was there, and it made him feel special.

One day, it began to rain heavily, and Emil ran out as usual. But this time he felt something different. The rain was singing, but it was a different melody than before—a melody that was both sad and beautiful at the same time. Emil stopped and listened carefully. What was the rain trying to tell him?

He sat down under a large tree, closed his eyes, and let the raindrops fall around him. And as he sat there, he began to understand. The rain was singing about all the things that were lost, about summer flowers that withered, about leaves that fell, and about time that always moved forward. It was a reminder that everything in life changes, but also that these changes were necessary to make room for new beginnings.

Emil opened his eyes and looked out over the landscape, which was covered in rain. Even though the song had been sad, he felt a strange sense of peace. He now understood that the rain's song wasn't just about joy, but also about sorrow, and that both of these feelings were important. Without the rain, there would be no growth, and without growth, there would be no life.

The rain's song became a part of the village's life, a reminder of both joy and sorrow, of growth and change. And every time it rained, you could see Emil, now a grown man, standing outside with a smile, listening to the secret song that filled the air.

Mette og Det Usynlige Vennskapet

Det var en gang en liten jente som het Mette. Mette bodde i en liten bygd, omgitt av fjell og grønne skoger. Hun var en snill og nysgjerrig jente, men hun følte seg ofte alene. Selv om hun hadde mange venner på skolen, var det noe som manglet. Hun kunne ikke helt forklare det, men hun ønsket seg noe mer – noe magisk.

En dag, mens hun vandret alene i skogen, oppdaget Mette en liten lysning hun aldri hadde sett før. Det var et fredelig sted, fylt med mykt gress, små blomster, og en stor, gammel eik i midten. Mette følte en underlig ro da hun trådte inn i lysningen, som om hun endelig hadde funnet et sted som var helt hennes eget.

Hun satte seg under eiketreet, lukket øynene, og pustet dypt inn. Da hun åpnet øynene igjen, var det som om noe hadde forandret seg. Hun følte en tilstedeværelse, som om noen var der med henne, selv om hun var alene. Men hvem kunne det være?

Mette begynte å snakke, først bare med lav stemme. "Er det noen her?" spurte hun forsiktig.

Til hennes store overraskelse hørte hun en myk, hviskende stemme i vinden. "Jeg er her, Mette," sa stemmen.

Mette skvatt først, men hun kjente ingen frykt. Stemmen var vennlig, varm, og full av kjærlighet. "Hvem er du?" spurte hun nysgjerrig.

"Jeg er din usynlige venn," svarte stemmen. "Jeg har alltid vært her, men du har aldri lagt merke til meg før nå."

Mette tenkte seg om. Hun hadde alltid følt at hun hadde en usynlig venn, spesielt når hun var alene og trengte noen å snakke med. Men hun hadde aldri hørt stemmen før nå.

"Hvorfor kan jeg høre deg nå?" spurte hun.

"Fordi du endelig er klar til å høre meg," svarte stemmen rolig. "Noen ganger må man være alene og stille for å kunne høre de viktigste tingene."

Mette smilte. "Kan du fortelle meg om deg selv?" spurte hun spent.

Stemmen lo mykt, som lyden av bladene som rasler i vinden. "Jeg er den delen av deg som alltid er glad, som alltid tror på det beste, og som aldri gir opp håpet. Jeg er ditt usynlige vennskap, Mette. Jeg er her for å minne deg på at du aldri er alene, selv når det føles slik."

Mette følte en bølge av varme og glede skylle over seg. Hun hadde alltid ønsket seg en slik venn – en som forstod henne uten at hun måtte forklare alt, en som var med henne uansett hva. Og nå hadde hun funnet det.

"Hva skal vi gjøre nå?" spurte Mette.

"Vi kan gjøre hva som helst," svarte stemmen. "Vi kan oppdage nye steder, leke sammen, eller bare sitte her og lytte til skogens lyder. Hva enn du ønsker, Mette."

Så begynte de å leke sammen. Mette løp gjennom lysningen, lo, og danset med vinden. Hun klatret i eiketreet, snakket med blomster, og lyttet til fuglesangen. Hele tiden følte hun tilstedeværelsen av sin usynlige venn, som lo og lekte med henne.

Dagen gikk, og solen begynte å gå ned. Mette følte en slags fred hun aldri hadde kjent før. Da hun reiste seg for å gå tilbake til bygden, hvisket hun til stemmen. "Kommer du til å bli her når jeg drar?"

"Jeg er alltid med deg, Mette," svarte stemmen. "Du kan alltid finne meg her i lysningen, men jeg er også med deg når du trenger meg, uansett hvor du er."

Mette smilte og begynte å gå hjemover. Hun følte seg lettere enn noen gang før. Selv om hun visste at hun måtte forlate lysningen, visste hun også at hun aldri virkelig var alene. Hun hadde en venn som alltid var der, usynlig, men likevel ekte.

Da hun kom hjem, la hun seg i sengen og lukket øynene. Før hun sovnet, kunne hun fortsatt høre den myke stemmen som hvisket i øret hennes, som vinden som suste gjennom trærne.

Fra den dagen av, uansett hvor Mette gikk, visste hun at hun hadde en venn med seg. Når hun følte seg trist eller ensom, lukket hun øynene og lyttet etter stemmen i vinden. Og når hun følte seg glad, delte hun den gleden med sin usynlige venn, som alltid var der for henne.

Og hver gang hun besøkte lysningen i skogen, satt hun under det gamle eiketreet og snakket med sin usynlige venn, som alltid lyttet og alltid svarte, som vinden som danset gjennom bladene. Det var et vennskap som ingen andre kunne forstå, men som betydde alt for Mette.

Mette and the Invisible Friendship

Once upon a time, there was a little girl named Mette. Mette lived in a small village, surrounded by mountains and green forests. She was a kind and curious girl, but she often felt alone. Even though she had many friends at school, something was missing. She couldn't quite explain it, but she longed for something more—something magical.

One day, as she wandered alone in the forest, Mette discovered a small clearing she had never seen before. It was a peaceful place, filled with soft grass, small flowers, and a large, old oak tree in the middle. Mette felt a strange calmness as she stepped into the clearing, as if she had finally found a place that was entirely her own.

She sat down under the oak tree, closed her eyes, and took a deep breath. When she opened her eyes again, it was as if something had changed. She felt a presence, as if someone was there with her, even though she was alone. But who could it be?

Mette began to speak, at first just in a soft voice. "Is anyone here?" she asked cautiously.

To her great surprise, she heard a soft, whispering voice in the wind. "I am here, Mette," the voice said.

Mette was startled at first, but she felt no fear. The voice was friendly, warm, and full of love. "Who are you?" she asked curiously.

"I am your invisible friend," the voice replied. "I have always been here, but you never noticed me until now."

Mette thought about it. She had always felt like she had an invisible friend, especially when she was alone and needed someone to talk to. But she had never heard the voice until now.

"Why can I hear you now?" she asked.

"Because you are finally ready to hear me," the voice responded calmly. "Sometimes you have to be alone and quiet to hear the most important things."

Mette smiled. "Can you tell me about yourself?" she asked eagerly.

The voice laughed softly, like the sound of leaves rustling in the wind. "I am the part of you that is always happy, that always believes in the best, and that never gives up hope. I am your invisible friendship, Mette. I am here to remind you that you are never alone, even when it feels that way."

Mette felt a wave of warmth and joy wash over her. She had always wanted a friend like this—one who understood her without her having to explain everything, one who was with her no matter what. And now she had found it.

"What should we do now?" Mette asked.

"We can do anything," the voice replied. "We can discover new places, play together, or just sit here and listen to the sounds of the forest. Whatever you wish, Mette."

So they began to play together. Mette ran through the clearing, laughed, and danced with the wind. She climbed the oak tree, talked to the flowers, and listened to the birdsong. All the while, she felt the presence of her invisible friend, who laughed and played with her.

The day passed, and the sun began to set. Mette felt a kind of peace she had never known before. As she got up to leave the clearing, she whispered to the voice. "Will you stay here when I leave?"

"I am always with you, Mette," the voice replied. "You can always find me here in the clearing, but I am also with you when you need me, no matter where you are."

Mette smiled and began to walk home. She felt lighter than ever before. Even though she knew she had to leave the clearing, she also knew that she was never truly alone. She had a friend who was always there, invisible, yet real.

When she got home, she lay down in her bed and closed her eyes. Before she fell asleep, she could still hear the soft voice whispering in her ear, like the wind blowing through the trees.

From that day on, no matter where Mette went, she knew she had a friend with her. When she felt sad or lonely, she closed her eyes and listened for the voice in the wind. And when she felt happy, she shared that joy with her invisible friend, who was always there for her.

And every time she visited the clearing in the forest, she would sit under the old oak tree and talk to her invisible friend, who always listened and always responded, like the wind dancing through the leaves. It was a friendship that no one else could understand, but it meant everything to Mette.

Midnattens Hemmelighet

Det var en gang, i en liten landsby langt nord, en gutt som het Even. Even var en nysgjerrig gutt, med store, glitrende øyne som alltid så ut til å være fylt med spørsmål. Han bodde sammen med foreldrene sine i et lite hus ved kanten av skogen, og hver kveld, før han sovnet, kikket han ut av vinduet på nattehimmelen.

Even var fascinert av natten. Han elsket måten stjernene blinket som små lys, og hvordan månen alltid hang der oppe som en vennlig vokter over verden. Men det var en ting han alltid lurte på—hva skjedde egentlig ved midnatt? Han hadde hørt voksne snakke om midnatt som et magisk tidspunkt, en tid da noe spesielt kunne skje. Men han hadde aldri vært våken lenge nok til å oppleve det selv.

En kveld, da månen var full og skogen lå stille under et teppe av stjerner, bestemte Even seg for å finne ut av midnattens hemmelighet. Han satte seg godt til rette ved vinduet sitt, pakket inn i et varmt teppe, og lovte seg selv at denne gangen skulle han holde seg våken.

Klokken tikket sakte mot midnatt. Huset var stille, og den eneste lyden Even kunne høre, var den svake hvisken fra vinden som blåste gjennom trærne. Hans øyelokk ble tyngre og tyngre, men han kjempet mot søvnen. Han måtte bare få vite hva som skjedde.

Plutselig, akkurat da klokken slo tolv, skjedde det noe merkelig. Rommet hans fyltes med et mykt, blått lys, og Even kjente en lett bris som om noen åpnet et vindu. Men alle vinduene var lukket. Han reiste seg sakte opp og gikk bort til vinduet. Utenfor var alt forandret.

Skogen som han kjente så godt, var nå dekket av en svak glød. Trærne sto høyere, som om de strakte seg mot stjernene, og en svak musikk fylte luften. Det var en melodi som var både ukjent og kjent på samme tid, som en gammel sang som vekket minner han ikke visste han hadde.

Even visste at dette var midnattens magi. Han åpnet vinduet forsiktig og klatret ut. Markene var kjølige under føttene hans, men han kjente ingen frykt, bare spenning. Han fulgte musikken inn i skogen, der alt virket levende på en måte han aldri hadde sett før. Bladene hvisket, trærne hvisket tilbake, og Even følte at hele verden var i ferd med å våkne.

I hjertet av skogen, der måneskinnet var sterkest, kom han til en liten lysning. Der, midt i lysningen, sto en gammel stein, dekket av mose og vinranker. Rundt steinen satt det små skapninger som lyste som ildfluer. De var ikke større enn en tommel, men de beveget seg med en eleganse som tok pusten fra Even.

En av skapningene fløy nærmere ham. Den hadde vinger som glinset som diamanter i måneskinnet, og den smilte vennlig til ham. "Velkommen, Even," sa den med en stemme som var lys og klar som en klokke. "Vi har ventet på deg."

Even stirret på skapningen i undring. "På meg?" spurte han. "Hvorfor?"

"Fordi du er den som ser," svarte skapningen. "Du er den som lytter, den som undrer seg. Og midnatten er tiden for de som undrer, de som leter etter svar."

Even følte en varme spre seg i brystet. "Hva er denne plassen?" spurte han forsiktig.

"Dette er midnattens hage," svarte skapningen. "En plass som kun eksisterer når klokken slår tolv. Det er et sted for drømmer, for hemmeligheter, for alt som ikke kan sees i dagens lys."

Even satte seg ned på den myke mosen, og de små skapningene samlet seg rundt ham. De begynte å fortelle ham historier—historier om gamle tider, om tapte riker, og om hemmeligheter som var gjemt dypt inne i skogen. Hver historie var vakrere enn den forrige, fylt med bilder og lyder som Even aldri kunne ha forestilt seg.

Tiden fløt forbi, men Even følte ingen tretthet. Han var fullstendig oppslukt av historiene, av skapningene, og av det magiske stedet han hadde funnet. Men like brått som det hele hadde begynt, begynte lysningen å falme. De små skapningene begynte å trekke seg tilbake, og musikken ble svakere.

"Det er tid for å dra, Even," sa den lille skapningen som hadde talt til ham først. "Midnattens tid er nesten over, og dagen nærmer seg."

Even reiste seg motvillig. "Vil jeg noensinne kunne komme tilbake hit?" spurte han.

"Så lenge du fortsetter å undre deg, og så lenge du husker oss, vil midnattens hage alltid være her for deg," svarte skapningen med et smil.

Even smilte tilbake, og med ett var han tilbake på markene utenfor huset sitt. Skogen var stille, som den alltid hadde vært, og månen hang fremdeles høyt på himmelen. Han klatret tilbake gjennom vinduet sitt og la seg under teppet. Øyelokkene hans ble tunge, og han sovnet med et smil om munnen.

Neste morgen våknet Even til solskinn og fuglesang. Han reiste seg raskt og løp ut til skogen, men alt var som før. Ingen magisk lysning, ingen små skapninger, ingen musikk. Men han visste at det ikke bare hadde vært en drøm. Han kunne fortsatt kjenne en svak lukt av mose og høre ekkoet av den gamle melodien i hodet sitt.

Even visste at midnattens hemmelighet var noe han skulle bære med seg for alltid. Hver natt, når stjernene lyste på himmelen og månen skinte ned på verden, visste han at magien fortsatt var der, bare ventende på at klokken skulle slå tolv igjen.

Og selv om han vokste opp og dagene ble fylt med nye eventyr, glemte Even aldri midnattens hage. Han visste at så lenge han fortsatte å undre seg, så lenge han fortsatte å lytte til natten, ville han alltid finne veien tilbake til det magiske stedet, hvor hemmelighetene ventet på dem som våget å drømme.

The Secret of Midnight

Once upon a time, in a small village far to the north, there was a boy named Even. Even was a curious boy, with large, glittering eyes that always seemed to be filled with questions. He lived with his parents in a small house at the edge of the forest, and every night, before he fell asleep, he would look out his window at the night sky.

Even was fascinated by the night. He loved the way the stars twinkled like tiny lights, and how the moon always hung up there like a friendly guardian over the world. But there was one thing he always wondered—what really happened at midnight? He had heard adults talk about midnight as a magical time, a time when something special could happen. But he had never stayed awake long enough to experience it himself.

One evening, when the moon was full and the forest lay quiet under a blanket of stars, Even decided to find out the secret of midnight. He settled comfortably by his window, wrapped in a warm blanket, and promised himself that this time he would stay awake.

The clock ticked slowly toward midnight. The house was silent, and the only sound Even could hear was the faint whisper of the wind blowing through the trees. His eyelids grew heavier and heavier, but he fought against sleep. He had to know what would happen.

Suddenly, just as the clock struck twelve, something strange happened. His room filled with a soft, blue light, and Even felt a light breeze as if someone had opened a window. But all the windows were closed. He slowly got up and walked over to the window. Outside, everything had changed.

The forest he knew so well was now bathed in a faint glow. The trees stood taller, as if they were reaching for the stars, and a soft music filled the air. It was a melody that was both unfamiliar and familiar at the same time, like an old song that awakened memories he didn't know he had.

Even knew that this was the magic of midnight. He carefully opened the window and climbed out. The grass was cool under his feet, but he felt no fear, only excitement. He followed the music into the forest, where everything seemed alive in a way he had never seen before. The leaves whispered, the trees whispered back, and Even felt as if the whole world was waking up.

In the heart of the forest, where the moonlight was strongest, he came to a small clearing. There, in the middle of the clearing, stood an old stone, covered in moss and vines. Around the stone sat tiny creatures that glowed like fireflies. They were no bigger than a thumb, but they moved with an elegance that took Even's breath away.

One of the creatures flew closer to him. It had wings that glittered like diamonds in the moonlight, and it smiled kindly at him. "Welcome, Even," it said with a voice that was light and clear as a bell. "We have been waiting for you."

Even stared at the creature in wonder. "For me?" he asked. "Why?"

"Because you are the one who sees," the creature replied. "You are the one who listens, the one who wonders. And midnight is the time for those who wonder, those who seek answers."

Even felt warmth spread through his chest. "What is this place?" he asked carefully.

"This is the garden of midnight," the creature replied. "A place that only exists when the clock strikes twelve. It is a place for dreams, for secrets, for everything that cannot be seen in the light of day."

Even sat down on the soft moss, and the tiny creatures gathered around him. They began to tell him stories—stories of old times, of lost kingdoms, and of secrets hidden deep in the forest. Each story was more beautiful than the last, filled with images and sounds that Even could never have imagined.

Time flowed by, but Even felt no tiredness. He was completely absorbed by the stories, by the creatures, and by the magical place he had found. But as suddenly as it had all begun, the clearing began to fade. The tiny creatures began to retreat, and the music grew fainter.

"It is time to go, Even," said the little creature who had spoken to him first. "Midnight's time is almost over, and the day is approaching."

Even stood up reluctantly. "Will I ever be able to come back here?" he asked.

"As long as you continue to wonder, and as long as you remember us, the garden of midnight will always be here for you," the creature replied with a smile.

Even smiled back, and suddenly he was back on the meadow outside his house. The forest was silent, as it had always been, and the moon still hung high in the sky. He climbed back through his window and lay down under his blanket. His eyelids grew heavy, and he fell asleep with a smile on his face.

The next morning Even woke to sunshine and birdsong. He quickly got up and ran out to the forest, but everything was as it had been. No magical clearing, no tiny creatures, no music. But he knew it had not just been a dream. He could still smell the faint scent of moss and hear the echo of the old melody in his head.

Even knew that the secret of midnight was something he would carry with him forever. Every night, when the stars lit up the sky and the moon shone down on the world, he knew that the magic was still there, just waiting for the clock to strike twelve again.

And even though he grew up and his days were filled with new adventures, Even never forgot the garden of midnight. He knew that as long as he continued to wonder, as long as he continued to listen to the night, he would always find his way back to the magical place, where secrets awaited those who dared to dream.